Cyfres BlinG

@bel

Dim ond clic...

Gordon Jones

Cyhoeddwyd gan © Atebol Cyfyngedig 2010

Cyhoeddwyd yn 2010 gan Atebol Cyfyngedig, Adeiladau'r Fagwyr,
Llanfihangel Genau'r Glyn, Aberystwyth, Ceredigion SY24 5AQ
01970 832 172
www.atebol.com

ISBN: 978-1-907004-33-9

31503128

Golygwyd gan Eirian Jones a Glyn Saunders Jones
Dyluniwyd gan Stiwdio Ceri Jones, stiwdio@ceri-talybont.com
Gwaith celf gwreiddiol gan Roger Bowles
Noddwyd gan Lywodraeth Cynulliad Cymru
Argraffwyd gan Wasg Gomer, Llandysul, Ceredigion

Cydnabyddiaethau
Dymuna'r cyhoeddwr ddiolch i'r canlynol am eu caniatâd i atgynhyrchu'r lluniau
a'r deunydd hawlfraint yn y llyfr hwn.

Capital Pictures: tud. 27; tud. 28 (y cyfan); tud. 29 (canol chwith)
Getty Images: tud. 13 (canol); tud. 15 (canol chwith); tud. 20 (canol chwith a gwaelod dde)
Mary Evans Picture Library: tud. 7 (dau lun gwaelod); tud. 20 (canol chwith a gwaelod dde);
tud. 24 (gwaelod chwith); tud. 25 (canol); tud. 26 (prif lun); tud. 30 (y cyfan)
S4C: tud 31. (top dde)

Mae pob ymdrech wedi'i wneud i ganfod perchenogion hawlfraint y deunydd a ddefnyddiwyd yn y llyfr hwn.
Bydd unrhyw ganiatâd hawlfraint sydd heb ei gynnwys gan y cyhoeddwr yn yr argraffiad hwn yn cael ei
gydnabod mewn ail argraffiad.

Cynnwys

Ti a fi

Trwy gyfathrebu y bydd pobl yn cysylltu â'i gilydd. Anfon a derbyn neges ydy cyfathrebu yn y bôn.

Mae pobl wedi bod yn cyfathrebu ers degau o filoedd o flynyddoedd. Does neb yn gwybod beth oedd y gair cyntaf i ddod o geg dyn neu ddynes.

Efallai mai dim ond un neu ddau o bobl mewn ogof glywodd y gair yna.

Mae neges yn gallu cynnwys:
- synau
- lluniau
- symbolau
- teimladau
- ystumiau
- ffeithiau
- barn

Ond heddiw, mae biliynau o bobl ym mhob rhan o'r byd yn gallu derbyn neges gan unrhyw un arall – gan frenhines gwlad, Arlywydd America neu gan berchennog camel!

Os gwn i beth oedd pwrpas neu neges y llun yma a wnaed mewn ogof tua 10 mil o flynyddoedd yn ôl? Go brin y gallai'r arlunydd fod wedi deall y byddai rhywun yn y dyfodol pell yn gallu edrych ar ei lun mewn lle oedd yn bell o'i ogof.

Byddi di ac eraill yn cyfathrebu mewn sawl ffordd:
- drwy siarad a gwrando
- symud y corff
- gwneud ystumiau
- teimlo, ysgrifennu, teipio
- mewn iaith arwyddion
- wrth ddarlunio
- wrth ganu

Byddi'n cyfathrebu â:
- **ti dy hun**
- **un-i-un**
- **mewn grŵp**

Symud y corff

Siarad a gwrando

5

Ers talwm...

Cyn i bobl feddwl am nodi rhywbeth ar glai, memrwn neu bapur, roedden nhw eisoes yn adrodd hanesion ar lafar o un genhedlaeth i'r llall. Dyna beth oedd cychwyn y Mabinogi.

Yr iaith gynharaf i gael ei hysgrifennu oedd un y Swmeriaid, oedd yn byw lle mae Iraq heddiw 5,500 o flynyddoedd yn ôl. Tynnu lluniau bach ar glai roedden nhw'n ei wneud.

Mil o flynyddoedd cyn geni Crist roedd yr hen Eifftiaid yn ysgrifennu eu negeseuon mewn ysgrifen heiroglyffig.

Un o'r dulliau hynaf o ysgrifennu yn y byd ydy'r ysgrifen heiroglyffig yn Yr Aifft. Defnyddiwyd y dull yma o ysgrifennu rhwng 3200 CC a 394 OC

Tua'r un adeg dechreuodd y Syriaid ddefnyddio llythrennau a'r wyddor, sy'n sail i bob iaith ysgrifenedig yn Ewrop heddiw.

Wyddoch chi fod yr iaith Gymraeg lawer yn hŷn na'r Saesneg? Ysgrifennwyd cerdd 'Y Gododdin' mor gynnar â'r chweched ganrif gan fardd o'r enw Aneirin. Mae llawysgrif o'r gerdd honno i'w gweld yn Llyfrgell Caerdydd.

Ond sut oedd pobl ers talwm yn gyrru negeseuon dros bellter? Dwy fil o flynyddoedd yn ôl roedd y Rhufeiniaid yn anfon milwyr i gario negeseuon o Gymru i Rufain. Roedd eu system fel ras gyfnewid i redwyr a marchogion.

Llythrennau heiroglyffig yn Karnak, Yr Aifft

System debyg oedd y *Pony Express* yn America yn 1860. Roedd angen sawl cowboi dewr i gario llythyrau o Missouri i California, yn y gorllewin, mewn wyth diwrnod.

Syniad clyfar Rowland Hill, yn 1840, oedd defnyddio stamp i dalu am bostio llythyr o le i le ym Mhrydain.

Dyfeisiodd Alexander Graham Bell y teleffon yn 1876, ac erbyn 1899 roedd dros 100,000 o linellau ffôn mewn cartrefi a busnesau yng Nghymru. Roedd gan 91% o gartrefi Cymru linell ffôn erbyn 2003.

Pony Express

Alexander Graham Bell

Cyfathrebu Heddiw

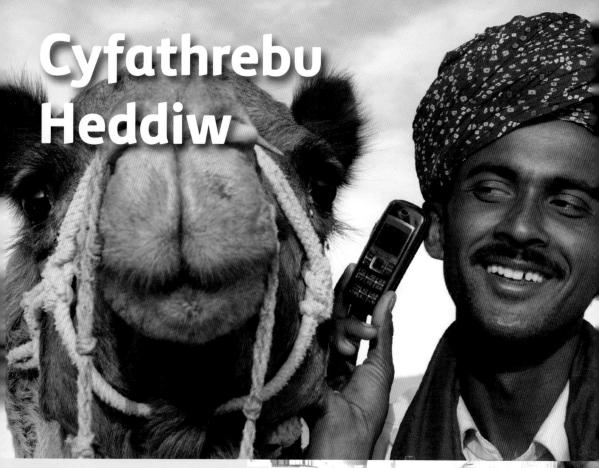

Diolch i lawer iawn o ddyfeisiadau clyfar y gorffennol – ffôn, radio, teledu, cyfrifiadur, technoleg lloeren – mater hawdd ydy cyfathrebu ar draws y byd heddiw.

Mae 3.3 biliwn o bobl yn berchen ar ffôn symudol – sef un mewn tri o holl bobl y byd.

Mae gan 1.5 biliwn ohonom gyfrifiadur – sef un o bob chwech o bobl y byd.

Dyn busnes ar y stryd yn Llundain

Mae newyddion yn teithio'n gyflym heddiw – a helpu pobl eraill

Mae cyfathrebu cyflym yn gallu arwain at wella bywyd pobl. Gall rhywun yn y wlad hon weld pobl yn dioddef o newyn yn Affrica ar y teledu a gyrru arian i'w helpu at elusen fel Oxfam o fewn munudau.

Yn ystod rhyfel Iraq yn 2003 gallai milwr Prydeinig neu Americanaidd danio taflegryn o long i daro tŷ cannoedd o filltiroedd i ffwrdd. Roedden nhw'n gallu gwneud hynny am eu bod wedi derbyn neges fod gelyn peryglus yno. Roedd modd i'r milwr weld y 'targed' o gamera pwerus ar loeren yn y gofod. Yn aml iawn roedd pobl ddiniwed yn cael eu lladd oherwydd bod yr wybodaeth a gafodd y milwyr yn anghywir.

Felly mae cyfathrebu clir rhwng pobl yn beth pwysig iawn heddiw.

Dinistr yn Iraq

Arfau sy'n cael eu rheoli gan gyfrifiadur

Deall a Chamddeall

Mae babi sydd newydd ei eni yn crio er mwyn cael sylw a bod yn agos at rywun arall.

Mae babi yn crio pan mae eisiau bwyd, yn teimlo'n unig, wedi blino neu angen newid ei glwt neu gewyn. Er nad ydy pobl eraill yn deall beth yn union mae babi ei angen, mae'n bosib dyfalu beth ydy'r neges.

Er mwyn i bobl ddod ymlaen â'i gilydd mae'n help os ydy'r un sy'n derbyn y neges yn ei deall.

%&*zvq2@!€§ ÷?

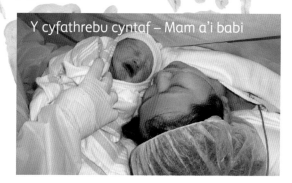

Y cyfathrebu cyntaf – Mam a'i babi

Mae neges yn:

...rhoi gwybodaeth

...mynegi barn

...dangos teimladau

Mi ges i 9 allan o 20 yn fy mhrawf sillafu.

Doedd y cwestiynau ddim yn deg!

Ro'n i bron â chrio pan ges i'r atebion.

Mae rhai yn dda am gyfathrebu ac yn ei chael hi'n hawdd siarad â phobl nad ydyn nhw'n eu hadnabod. Dydyn nhw ddim yn poeni am ddweud eu dweud o flaen dosbarth neu gynulleidfa. Ond mae eraill yn ddihyder gydag unrhyw un sydd ddim yn ffrindiau agos neu'n deulu iddyn nhw.

Dod ymlaen â phobl eraill

Trafod

Mae'n bwysig gallu cyfathrebu'n dda gydag eraill er mwyn:

- dod ymlaen â phobl eraill
- gwneud penderfyniadau
- dysgu sgiliau newydd
- trefnu a chynllunio
- gweithio
- chwarae

Dysgu sgiliau newydd

I gyfathrebu'n dda mae'n rhaid:

- gwrando ar eraill
- darllen iaith corff pobl eraill
- adnabod a mynegi teimladau
- cydymdeimlo a deall teimladau eraill
- trafod
- bod yn gadarn
- datrys problemau

Datrys problemau

Pryd o Dafod a Llond Clust

Mae siarad a gwrando yn sgiliau pwysig i bob un ohonom.

Cyfathrebu da ydy mynegi dy hun yn glir i bawb.

Sori, Mam. Paid â bod yn grac nawr!

Sut fyddi di'n siarad â dy ffrind gorau, dy frawd bach dwy oed, dy athro a dy fam? Mewn ffordd hollol wahanol, mae'n siŵr.

Hei! Cŵl hed nawr, grwt! Sori, reit!

Mae'n ddrwg iawn 'da fi, syr. Wna i ddim gwneud hynny eto.

Mae gan ardaloedd a gwledydd reolau ac arferion gwahanol wrth gyfathrebu gyda'i gilydd. Mae'n bwysig felly i wybod am arferion gwahanol wledydd.

Sut i siarad:

- siarad yn fwy ffurfiol â phobl hŷn a rhai nad wyt ti'n eu hadnabod yn dda
- dim angen bod yn ffurfiol â rhai dy oedran dy hun
- bod yn ti dy hun wrth sgwrsio
- siarad am rywbeth sy'n gyffredin â pherson arall
- holi cwestiynau am y llall
- siarad rhywfaint amdanat ti dy hun, ond dim gormod!
- paid â thorri ar draws na newid y pwnc yn rhy sydyn
- rho gyfle i eraill siarad

Mae gwrando yn ein helpu i:

- wybod beth mae pobl eraill yn ei feddwl a pham
- ddysgu oddi wrth eraill
- wybod sut mae pobl eraill yn teimlo
- ddangos bod gennym ddiddordeb mewn eraill
- ddangos ein bod yn ffrindiau
- weithio'n well ag eraill
- roi cyfle i eraill fynegi eu hunain

Mae sgiliau gwrando yr un mor bwysig â sgiliau siarad da. Y cam cyntaf tuag at ddeall pobl a gwneud ffrindiau ydy i wrando arnyn nhw.

Hyfforddwr yn dysgu gwaith tîm

Mae sgiliau gwrando yn bwysig

Gweld a Darllen

Mae'n bosib gweld pethau heb eu deall. Ond mae darllen yn ffordd o ddeall geiriau neu symbolau er mwyn gwneud synnwyr o'r byd o'n cwmpas.

Mae pob math o symbolau ar gael … llythrennau, logos, arwyddion ffyrdd, nodau cerddoriaeth, lluniau ac ystumiau (iaith y corff).

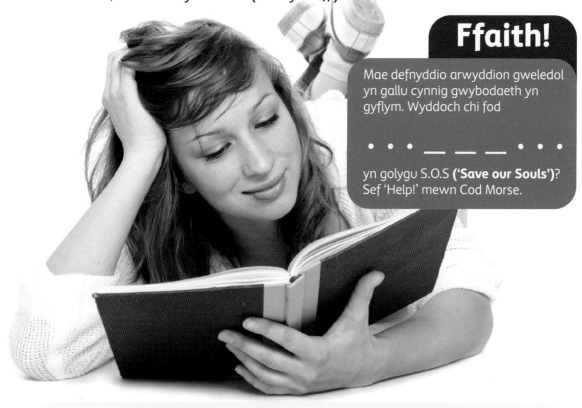

Ffaith!

Mae defnyddio arwyddion gweledol yn gallu cynnig gwybodaeth yn gyflym. Wyddoch chi fod

. . . __ __ __ . . .

yn golygu S.O.S (**'Save our Souls'**)? Sef 'Help!' mewn Cod Morse.

Beth ydy ystyr y symbolau yma?

Sut mae'r llun yma yn gwneud i chi deimlo?

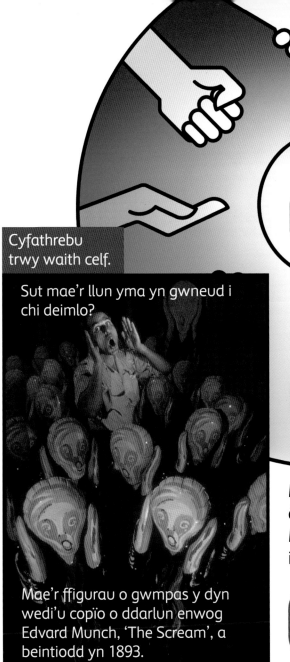

Mae'r ffigurau o gwmpas y dyn wedi'u copïo o ddarlun enwog Edvard Munch, 'The Scream', a beintiodd yn 1893.

Mae'r byddar yn gallu cyfathrebu â'i gilydd mewn iaith arwyddion. Mae'r deillion yn defnyddio braille i ddarllen.

Ffaith
Cymro o'r enw Robert Recorde feddyliodd am y symbol = mewn mathemateg yn 1557.

Peidiwch â gofyn sut ydw i'n teimlo!

Mae ystumiau ac osgo'r corff yn gallu dweud llawer am sut mae rhywun yn teimlo.

Beth! Dim ond tri marc allan o 100 mewn mathemateg!

15

helo Q ?wT

heloQ ?WT.
BXO mdanat T!
VN Aber. t d cal
criad nwydd?
rhaid i N2 gfod.
methuT. nei d
dxtio v d 7?
xxG

Opsiynau   Dileu

Mae modd anfon neges i Awstralia mewn llai na munud. Yn 1869 byddai'n cymryd 56 diwrnod i lythyr deithio o Gymru i Awstralia!

Heblaw am ffôn cartref a chiosg beth oedd cyn y ffôn symudol? Yn 1951 roedd byddin America yn defnyddio ffôn o'r enw *handie-talkie* – peth tebyg iawn i'r *walkie-talkie*.

Erbyn 1973 roedd Dr Martin Cooper o Motorola yn gallu ffonio ffrindiau ar ei ffôn symudol. Ond roedd hwn yr un maint ag esgid – yn llawer rhy fawr i ffitio i boced!

Deall y neges?

Caru ti!

Dyn ifanc oedd yn gweithio i Nokia yn y Ffindir yn 1992 wnaeth anfon y neges destun (tecst/SMS) gyntaf. I ddechrau, gwasanaeth i helpu pobl trwm eu clyw a byddar oedd hyn. Erbyn heddiw mae dros 85% o bobl Ewrop yn tecstio. Ond dim ond 40% o bobl Gogledd America sy'n tecstio. Mae tua 1,000,000,000 o negeseuon testun yn cael eu hanfon bob wythnos yng ngwledydd Prydain!

Ffaith!

Bodiau chwim!

Elliot Nicholls o Seland Newydd sy'n dal record y byd am decstio gyflymaf gyda mwgwd dros ei lygaid. Fe anfonodd neges 160 llythyren mewn 45 eiliad! Mae pobl ifanc ysgolion uwchradd yn Seland Newydd yn cael defnyddio iaith decstio mewn arholiadau ysgol. Syniad da?

Heddiw mae'n bosib derbyn sianelau teledu a hyd at 350 gorsaf radio ar ambell ffôn symudol. Mae syrffio ar y ffôn erbyn hyn yn boblogaidd iawn!

Mae 2.4 biliwn o bobl y byd yn tecstio.

Y neges ydy'r newyddion a'r newyddion ydy'r neges!

Ffôn Symudol
– y da a'r drwg

Dad! Alli di nôl fi adref? Dwi wedi colli'r bws olaf!

Manteision:
- Mae'n fach, mae'n hawdd i'w gario. Mae'n cynnig rhyddid i fwynhau bywyd.
- Handi i gysylltu â ffrindiau; handi i roi gwybod i rieni ble wyt ti ar unrhyw adeg. Yn help mewn argyfwng.
- Handi i gael ymateb sydyn.

Anfanteision:
- Hawdd i'w golli a chael ei ddwyn.
- Sonia wrth oedolyn yn syth os wyt ti wedi'i golli, rhag i rywun ddefnyddio'r pethau preifat sydd arno.
- Er bod modd gwneud pethau'n gyflym ar y ffôn symudol, cofia nad oes modd datrys pob problem yn syth dros y ffôn.
- Ambell dro mae'n well gweld rhywun wyneb yn wyneb, neu adael llonydd iddyn nhw am ddiwrnod neu ddau.

- Perygl i ti fod yn darged i cyber-fwli – rhywun sy'n anfon negeseuon llais a thestun 24/7. Mae 22% o bobl ifanc wedi cael eu bwlio fel hyn.
- Mae cyber-fwlis yn gallu tynnu llun ohonot neu dy ffilmio a'i rannu ag eraill unrhyw le yn y byd heb i ti wybod pwy ydyn nhw.
- Mae'n siŵr dy fod wedi bod yn rhywle ac wedi clywed rhywun yn cael sgwrs hir a diflas mewn llais uchel ar ffôn symudol. Ceisia barchu heddwch pobl – paid â gwneud hynny dy hun.

Os wyt ti'n cael dy fwlio ...

- Paid â chadw hynny i ti dy hun. Dwed wrth oedolyn yr wyt ti'n ei barchu.
- Cadwa dystiolaeth o'r bwlio (negeseuon llais neu neges destun).
- Paid ag ateb nac ymateb i fwli.
- Bydd yn ofalus – mae chwarae yn gallu troi'n chwerw.
- Dysga sut i ddweud wrth eraill am alwadau niwsans.
- Os weli di rywun yn cael ei fwlio, dwed wrth rhywun yn syth.

Ffaith!

Mae hyd at 60% o ymbelydredd sy'n cael ei gynhyrchu gan ffôn symudol yn cael ei amsugno i mewn i ben y person sy'n ffonio.

Sgrin dy Hun

Roedd y cyfrifiadur cyntaf bron yn llenwi ystafell gyfan nes i ddyfeiswyr feddwl am ffordd o wneud rhai llawer llai. Dim ond ar gyfer gwaith roedden nhw'n cael eu defnyddio.

1950

Aeth hi'n frwydr fawr yn yr 1980au rhwng IBM, Apple Macintosh a chwmnïau eraill i greu cyfrifiadur personol neu PC (*personal computer*). Bryd hynny roedd PC fel peiriant teipio gyda set deledu du a gwyn ar ei ben, heb sain na llygoden.

Cael hwyl oedd bwriad Commodore, Sinclair ac Atari wrth greu PCs y gallai plant chwarae gemau arnyn nhw. Nid pob teulu oedd yn gallu fforddio prynu un chwaith. Dim ond 13% o bobl Prydain oedd yn berchen ar PC yn 1985.

Erbyn hyn mae tua un biliwn o PCs yn y byd.

1974 – dyma beth oedd cyfrifiadur!

Bydd 35 miliwn o gyfrifiaduron yn cael eu taflu ar domennydd sbwriel yn 2010!

Y Sais Tim Berners-Lee oedd y cyntaf i feddwl am y we – a'i galw'n *World Wide Web* (www) – yn 1989. Ffordd i wyddonwyr gysylltu â'i gilydd oedd y we i ddechrau. Erbyn 1994 roedd Tim a'i ffrindiau yn meddwl y dylai pawb gael defnyddio'r we yn ddi-dâl. Aeth hi'n bosibl anfon negeseuon e-bost ar draws y byd wedyn. Ond ymhell cyn hynny, yn 1971, roedd yr Americanwr Ray Tomlinson eisoes wedi meddwl rhoi'r @ wrth yrru neges at ffrind.

Dyma symbolau eraill sy'n dangos sut hwyl sydd ar yrrwr e-bost neu neges destun.

:-)   :-(:-o   ;-)   :-D

Beth maen nhw'n feddwl?

Heddiw, mae modd crwydro'r byd gan ddal i weithio a chyfathrebu. Dim ond dod o hyd i lecyn *wi-fi* poeth sydd ei angen.

Erbyn hyn mae'r PC yn gallu bod yn hollol bersonol – fel gwisgo dillad sy'n apelio atat. Mae'r dewis o bethau i'w gwneud yn enfawr. Mor hawdd ydy chwilio am ffeithiau drwy Google (a Gwgl Cymraeg), Ask a Yahoo.

Mae unrhyw un yn gallu creu blog – gair byr am *web log* – a dweud ei ddweud wrth unrhyw un yn y byd.

Ti a'r Cyfrifiadur

Defnyddio'r cyfrifiadur a gwrando ar yr MP3

Mae'r cyfrifiadur yn rhan o fywyd pawb. Erbyn hyn mae tua 60% o blant 5-7 oed yn defnyddio'r we yn eu cartrefi. Mae llawer iawn mwy na hynny o blant hŷn a phobl ifanc yn defnyddio'r we.

Dim ond un clic ...

Manteision:

- Mae modd cyfathrebu'n gyflym gydag unrhyw un yn y byd drwy anfon e-bost.
- Mae modd cyfathrebu'n rhad gydag unrhyw ran o'r byd.
- Mae'n hawdd dod o hyd i wybodaeth am bob pwnc dan haul.
- Mae'n bosib chwarae gemau rhyngweithiol.
- Mae'n bosib archebu llyfrau, nwyddau, lawrlwytho cerddoriaeth neu hyd yn oed trefnu gwyliau ym Mongolia!
- Mae'n bosib cysylltu â theulu a ffrindiau ymhob rhan o'r byd.

Mae anfon e-bost mor hawdd ...

Mae'r cyfrifiadur mor gyfleus ond ... gofala beidio â chysylltu â phobl nad wyt ti'n eu hadnabod. Wyddost ti ddim o'u hanes. Mae hyn yn gallu bod yn beryglus iawn.

Anfanteision:

- Gall firws gael ei anfon at dy gyfrifiadur gan greu difrod.
- Mae'n hawdd datgelu gwybodaeth bersonol fydd yn cael eu gweld a'u defnyddio gan filiynau o bobl a chwmnïau. Pe byddet ti'n rhoi llun ohonot ti'n gwneud rhywbeth gwirion fel rhedeg o gwmpas heb ddillad mewn blog ar YouTube, neu Facebook neu mewn neges MSN, yna gallai darpar-gyflogwr weld hynny mewn 10 mlynedd a gwrthod rhoi swydd i ti! Mae angen bod yn ofalus.
- Mae peiriannau chwilio'r we *(search engines)* fel Google, Ask a Yahoo yn gallu casglu gwybodaeth am y rhan fwyaf o bobl, sy'n golygu bod unrhyw berson neu gwmni – da neu ddrwg – yn gallu casglu gwybodaeth amdanat.
- Mae'r arfer creulon o *happy slapping* – curo neu gam-drin rhywun a'i ffilmio ar ffôn symudol – yn gallu cael ei bostio ar y we gan fwli dienw.
- Mae rhai pobl yn gwneud pethau creulon iawn ar Facebook!
- Mae diffyg rheolaeth yn arwain at wybodaeth anghywir yn cael ei gosod ar y we. Mae'r we hefyd yn cynnwys pornograffi a deunydd treisgar.

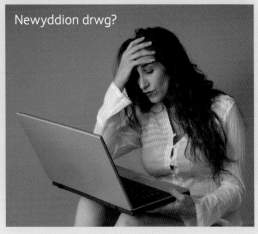

Newyddion drwg?

Wyt ti'n Gêm, Boi?

Mae chwarae gemau yn gyffrous – yn her i'r meddwl. Mae biliynau o bobl wedi hoffi chwarae gemau ers cyn cof. Un math o gêm sy'n filoedd o flynyddoedd oed ydy'r **dis**. Saith mil o flynyddoedd yn ôl roedd y Swmeriaid yn gwneud dis allan o esgyrn defaid ac yn naddu dotiau i ddangos rhifau arnyn nhw.

Chwarae gêm gyfrifiadurol

Chwarae tennis ar y cyfrifiadur

Mae'r gêm fwrdd hynaf, sef Gêm Frenhinol Ur, yn dod o ardal Iraq. Roedd y gêm yma yn cael ei chwarae 2600 o flynyddoedd cyn Geni Crist.

Er bod gemau bwrdd yn dal yn boblogaidd heddiw mae gemau cyfrifiadurol wedi dod yn fwy poblogaidd. Fe gynhyrchwyd y gemau cyfrifiadurol cyntaf yn ystod yr 1970au. Yn 1995 broliodd cwmni Nintendo ei fod yn gwerthu gêm bob tair eiliad, ac wedi gwerthu un biliwn o gemau – un i bob person ifanc ar y ddaear!

Ffaith!

Bydd pobl weithiau yn gamblo wrth chwarae gêm. Yn 1762 bu John Montagu, Iarll Sandwich, yn chwarae cardiau am 24 awr heb fwyta. Roedd un o'i weision yn poeni amdano ac yn cynnig dod â sleisen o gig eidion i'r Iarll Sandwich ei fwyta. 'Rho fo rhwng dwy dafell o fara ac mi alla i fwyta a chwarae'r un pryd!' A dyna sut y cafwyd y 'sandwich' neu'r frechdan gyntaf erioed!

John Montagu (1718 – 1792)
Pedwerydd Iarll Sandwich

Mae'n bosib chwarae nifer o gemau electronig ar ein pennau ein hunain neu ar-lein gyda channoedd o bobl eraill. Wrth i'r dechnoleg wella, mae gemau yn dod yn fwyfwy realistig. Erbyn 2009 roedd 40.5 miliwn o'r gêm rithwir *(virtual reality)* Wii Sports wedi'i gwerthu. Mae 11.5 miliwn o bobl yn talu i chwarae *World of Warcraft.* Bu protestiadau mawr ar ôl i Disney gau ei *Virtual Magic Kingdom,* ond mae Disney bellach wrthi'n creu sawl gêm ffantasi newydd.

Cadw'n heini gyda'r Wii!

Manteision:
* Mae'n meithrin sgiliau ymateb cyflym.
* Mae'n helpu pobl i wneud penderfyniadau sydyn.
* Mae'n meithrin cystadleuaeth rhwng pobl a'i gilydd.
* Cael gwared â theimladau treisgar yn y gêm yn hytrach nag ar bobl eraill.
* Gemau ymarfer corff Wii yn gallu helpu pobl i gadw'n heini.

Anfanteision:
* Llawer o gemau ddim yn gymdeithasol.
* Chwaraewyr rhai gemau'n gallu mynd yn unig ac ynysig.
* Gallu troi'n gaethiwus wrth i chwaraewyr dreulio oriau yn chwarae'r gêm.
* Peryglu iechyd corfforol – defnyddwyr ddim yn ymarfer nac yn mynd allan digon ac yn mynd yn ordew.
* Nifer o gemau'n dreisgar ac yn gwneud i'r chwaraewr ymddwyn yn dreisgar tuag at bobl eraill. Rhai yn dweud bod angen rhoi rhybuddion ar gemau fel sydd ar bacedi sigaréts a ffilmiau.

Cyfathrebu cerddorol

Mae cerddoriaeth yn gallu creu pleser i unrhyw un mewn unrhyw ran o'r byd, dim ots pa iaith y maen nhw'n ei siarad. Ganrifoedd yn ôl roedd cerddor o'r enw Canus o Ynys Rhodes, Gwlad Groeg yn gallu codi calon unrhyw berson trist trwy chwarae ei ffidil.

Arweinydd Dawnswyr Morris yn chwarae'r ffidil yn yr 1940au

Cerddorideth band prês

Mae chwedl y pibydd brith o Hamlyn a'r llygod yn enghraifft wych o sut mae cerddoriaeth yn gallu swyno pobl a chreaduriaid.

Yn ystod y Rhyfel Byd Cyntaf a'r Ail Ryfel Byd roedd chwarae cerddoriaeth fyw yn fodd i wneud milwyr yn hapusach ac yn help i wella eu clwyfau. Bellach, rydym yn gwybod bod cerddoriaeth yn gwneud lles i'r corff a'r meddwl.

Mae sawl math gwahanol o gerddoriaeth i'w gael. Erbyn heddiw, mae digon o gyfle hefyd i bawb chwarae offerynnau ar eu pennau eu hunain neu mewn band neu gerddorfa.

Cerddoriaeth bop a roc sy'n apelio fwyaf at bobl ifanc. Yn yr 1950au y dechreuodd hyn, pan sylweddolodd pobl ifanc nad oedd yn rhaid dewis offeryn drud na gallu chwarae a chanu'n arbennig o dda i gael hwyl a hyd yn oed dod yn seren. Y gitâr sy'n bennaf gyfrifol am hyn. A chanu roc-a-rôl gan sêr ifanc fel Elvis Presley, Buddy Holly ac eraill a ddenodd pobl ifanc i wrando ar roc a phop ac i fentro perfformio eu hunain.

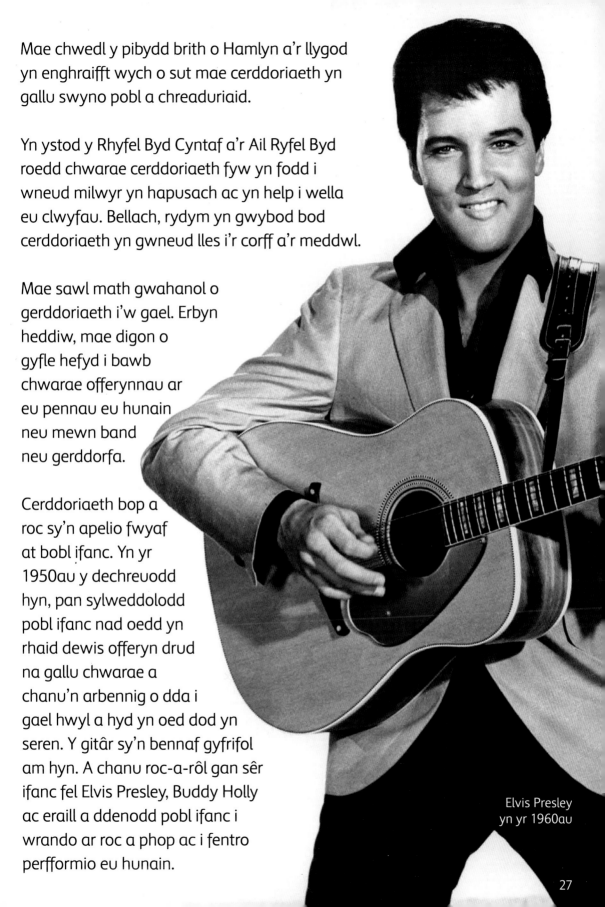

Elvis Presley
yn yr 1960au

Cafodd canu *skiffle* Lonnie Donnegan a'i grŵp effaith ar lawer ddiwedd yr 1950au. Daethon nhw'n enwog iawn yng ngwledydd Prydain am chwarae offerynnau rhad iawn – gitâr acwstig, bas dwbl un llinyn a bwrdd sgrwbio dillad!

Fe ddatblygodd y Beatles o'r grŵp *skiffle*, The Quarrymen. Roedd Jimmy Page (Led Zeppelin) a Ronnie Wood (The Rolling Stones) mewn grwpiau *skiffle* pan oedden nhw'n ifanc hefyd.

Beatlemania – Amgueddfa y Beatles yn Hamburg, yr Almaen, a agorwyd yn 2009

Mae Swyddfa'r Post wedi argraffu cyfres o stampiau i gofio am y Beatles

Mick Jagger o'r Rolling Stones yn perfformio'n ddiweddar mewn cyngerdd byw

Peth arall oedd yn hwb mawr i gitarwyr ifanc ddechrau'r 1960au oedd llyfr *Play in a Day* gan y gitarydd enwog Bert Weedon. Maen nhw'n dweud bod y llyfr wedi creu 6 miliwn o gitarwyr, gan gynnwys Paul McCartney a John Lennon!

Bert Weedon – mae ei lyfrau dysgu'r gitâr mor boblogaidd ag erioed

Mae'n debyg mai dim ond y Beatles ac Elvis Presley sydd wedi gwerthu mwy na biliwn o recordiau hyd yma.

Cerddoriaeth

Manteision:
- Helpu'r corff a'r meddwl.
- Yn hwyl i wrando arno ac i'w chwarae.
- Hawdd gwrando ar gerddoriaeth ar y teledu a'r radio, MP3, iPod neu ar-lein.
- Cyfle i gymdeithasu wrth chwarae neu fynd i gigs a chyngherddau.
- Bod yn rhan o griw sy'n mwynhau'r un gerddoriaeth, ffasiwn a ffordd o fyw.

Anfanteision:
- Perygl i'r clyw wrth wrando neu chwarae cerddoriaeth yn rhy uchel.
- Cyffuriau a diod yn gallu bod yn rhan gyffredin o'r profiad o chwarae roc a phop ac o wylio gigs neu fynd i wyliau roc.
- Ymddwyn yn wrthgymdeithasol yn dderbyniol wrth ddilyn rhai mathau o gerddoriaeth fel pync a *heavy metal*. Gall hyn arwain at wrthdaro gydag oedolion neu ddilynwyr mathau eraill o gerddoriaeth.

Cerddoriaeth pync

Roedd y radio yn boblogaidd iawn yn yr 1940au. Roedd hi'n bosib darllen a chwarae gêm yr un pryd!

Radio am byth!

Buan iawn y mae technoleg yn mynd yn henffasiwn. Ond mae rhai pethau yn dal i fynd ... y radio!

Erbyn 1939 roedd set radio yn y rhan fwyaf o gartrefi Cymru. Byddai teuluoedd cyfan yn casglu o gwmpas y radio i wrando ar raglenni.

Cymro o'r enw David Hughes oedd y cyntaf i drosglwyddo signal electronig yn 1879. David Hughes ddyfeisiodd y microffon cyntaf hefyd.

Anfonodd Guglielmo Marconi y neges radio gyntaf erioed o Brydain i Awstralia o orsaf ym mhentref Waunfawr ger Caernarfon yn 1918.

Guglielmo Marconi yn cynnal arbrawf gyda'r radio yng ngardd ei dad yn Bologna yn yr 1890au

Pam mae'r radio yn dal i fod yn boblogaidd? Am ei fod yn bosib i'w dderbyn bron iawn ym mhob man. Yn wahanol i gyfrifiadur ac unrhyw beth â sgrin, sy'n dueddol o dynnu sylw llygaid rhywun, mae'n bosib gwneud pethau eraill wrth wrando ar radio, fel reidio beic neu yrru car.

Mae nifer o orsafoedd radio yn chwarae cerddoriaeth gan fandiau ifanc, newydd. Mae DJs radio Cymraeg, fel Bethan Elfyn a Huw Stephens, yn gwneud yn siŵr fod pobl ledled y byd yn clywed cerddoriaeth Gymraeg.

Yn yr 1980au roedd *ghetto blasters* fel hyn yn boblogaidd yn enwedig gan rai oedd yn hoffi gwneud *breakdancing*.

Huw Stephens

Breakdancing

Mwynhau cerddoriaeth ar y *ghetto blaster*

31

Tapiau a'r Teli

Mae disgiau record finyl wedi bod i mewn ac allan o ffasiwn ers yr 1920au. Maen nhw'n dal i gael eu cynhyrchu heddiw. Ond mae oes y tâp casét wedi dod i ben. Gyda'r iPod a'r MP3 mor boblogaidd mae dyfodol y CD hyd yn oed yn ansicr.

Pethau eraill sydd bellach yn rhan o'r hen dechnoleg ydy tapiau fideo. Mae nifer o ffilmiau teuluol wedi cael eu trosglwyddo o riliau tâp 8 mm i dapiau fideo ac yna i DVD. Ond am faint fydd y DVD yn parhau?

Mae teledu digidol wedi creu mwy o ddewis o sianelau teledu. Dim ond 5 sianel deledu oedd ar gael i'w gwylio yng Nghymru cyn 1991. Mae teledu hefyd wedi effeithio ar sinemâu. Yn ystod yr 1950au roedd tua 350 sinema yng Nghymru. Erbyn 1975 roedd y nifer wedi lleihau i tua 100 o sinemâu. Ond mae'r nifer sy'n ymweld â'r sinema bellach yn cynyddu gydag agor sinemâu aml-sgrin a ffilmiau 3D.

Cadw'n Ddiogel

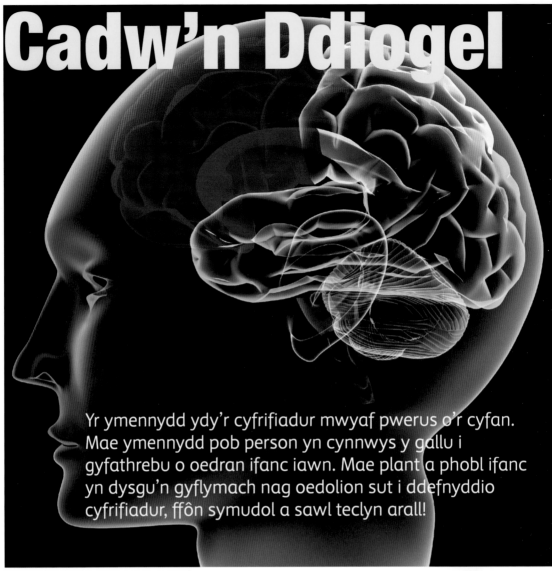

Yr ymennydd ydy'r cyfrifiadur mwyaf pwerus o'r cyfan. Mae ymennydd pob person yn cynnwys y gallu i gyfathrebu o oedran ifanc iawn. Mae plant a phobl ifanc yn dysgu'n gyflymach nag oedolion sut i ddefnyddio cyfrifiadur, ffôn symudol a sawl teclyn arall!

Diogelwch

Rhaid bod yn effro i fwlis ac oedolion a allai gymryd mantais rhywiol ar blant a phobl ifanc.

Bwli ar-lein

Preifatrwydd

Mae technoleg cyfrifiaduron yn gwella drwy'r amser. Bellach, mae pobl o bob rhan o'r byd yn gallu casglu a chadw gwybodaeth amdanom ar eu cyfrifiaduron. Cofia beidio â rhoi gormod o wybodaeth amdanat ti dy hun ar wefannau, blogs nac ar ffonau symudol.

Diogelwch!

Cadw mewn cysylltiad!

Mae'r cyfrifiadur yn gallu ein helpu i gadw mewn cysylltiad â ffrindiau a theulu. Un ffordd o wneud hynny ydy defnyddio gwefan gymdeithasol. Un o'r gwefannau mwyaf poblogaidd ydy Facebook, ac mae Twitter wedi dod yn boblogaidd iawn.

Ymarfer Corff a Chadw'n Iach

Mae'n hawdd iawn i eistedd o flaen sgrin y cyfrifiadur am oriau. Mae hynny'n gallu arwain at ddiffyg ymarfer a mynd yn ordew. Mewn amser mae hynny'n gallu arwain at glefyd y galon a diabetes.

Gwefannau Defnyddiol

Mae nifer o wefannau defnyddiol ar gael:

Childline
Cyfle i siarad yn hollol gyfrinachol am unrhyw broblem.
www.childline.org.uk

Childnet International
Corff sy'n ceisio gwneud y we yn lle diogel i blant.
www.childnet.com

Thinkuknow
Gwasanaeth CEOP (Child Exploitation and Online Protection Centre) yr heddlu.
Gwybodaeth i blant ac oedolion am wefannau, ffonau symudol a thechnoleg newydd; cyber-fwlio, cam-drin.
www.thinkuknow.co.uk

www.textsomeone.com
Gwasanaeth gan Adran Addysg a Sgiliau'r Llywodraeth.
Modd tecstio am help a chwyno am negeseuon cas.

www.bullybusters.org.uk

0800 1696 928 Llinell gymorth gwrthfwlio.

www.there4me.com
Gwasanaeth gan yr NSPCC (National Society for the Prevention of Cruelty to Children). Cyngor i rai 12-16 oed ar unrhyw beth sy'n eich poeni – bwlio, camdriniaeth, arholiadau, cyffuriau, hunan-niweidio, rhyw, profedigaeth.

NSPCC Cymru
www.nspcc.org.uk
help@nspcc.org.uk

0808 800 5000 Llinell Gymorth